ÉCOLES DE GANNAT

MÉMOIRE en réponse adressé au Conseil d'État

par Madame Veuve JUSSERAUD

§ I

Le Maire de Gannat, conseiller général du canton, candidat malheureux aux élections législatives de 1889, et dont le prestige s'affaiblit tous les jours, veut, *à tout prix, et par tous les moyens,* relever son autorité.

Il est encore candidat à la députation ; il a comme concurrent le député actuel, M. Labussière, et aussi un avoué de Gannat, radical, conseiller municipal, ancien conseiller d'arrondissement ; c'est surtout à l'encontre de ce concurrent redoutable dans le canton de Gannat dont toutes les voix appartenaient à M. Delarue qu'il faut frapper un grand coup pour le diminuer aux yeux des électeurs ; c'est pourquoi le Maire ne recule devant rien pour faire aboutir avant les élections le projet des Ecoles qui est son œuvre.

§ II

Le préfet de l'Allier, M. Vincent, s'en est rapporté absolument à l'avis de l'Inspection académique ; lorsque le mandataire de Madame Jusseraud s'est présenté à la Préfecture pour l'entretenir de cette affaire, il ne paraissait même pas la connaître ; il est vrai, qu'il a dû depuis être fortement talonné par le Maire, conseiller général, pour donner un avis favorable aux projets des Ecoles.

§ III

L'Inspecteur d'académie, qui n'est pas même venu à Gannat pour examiner sur les lieux le bien fondé des prétentions soit de la ville, soit de Madame Jusseraud, paraissait absolument opposé à la création d'un groupe scolaire, tant à cause des dangers que présente l'agglomération dans un même local d'un trop grand nombre d'élèves dont la

santé peut se trouver compromise ; qu'à cause des rivalités pouvant exister entre les maîtres et professeurs de deux écoles différentes.

Quant à l'agrandissement des locaux destinés à l'Ecole primaire supérieure, il ne voulait même pas en entendre parler ; car, disait-il : les Ecoles primaires supérieures n'ont aucune raison d'être.

Lui aussi a-t-il subi la pression de M. le Maire, conseiller général ?

§ IV

INSPECTEUR PRIMAIRE — Le rapport demandé par le Conseil d'Etat a été confié à l'Inspecteur primaire de Gannat, auquel le dossier a été adressé par l'Inspecteur d'académie ; ce modeste fonctionnaire instruit par l'exemple d'autres fonctionnaires de Gannat qui ont été déplacés pour n'avoir pas voulu obéir à toutes les exigences de M. le Maire, a dû être entièrement terrorisé ; non seulement il a approuvé les projets de la ville, mais il a encore enchéri, car, la menace d'expropriation de la totalité de l'enclos de Madame Jusseraud émane de lui; l'Inspecteur d'académie n'a fait que se l'approprier, (menace absolument ridicule ; car la ville de Gannat n'a pas les fonds nécessaires à l'exécution de ce projet).

§ V

MANŒUVRES — Actuellement, et pour réussir, on a recours au mensonge et à la mauvaise foi.

L'Ecole primaire supérieure dont les bâtiments sont situés au faubourg St-James, et qui sont les seuls qui joignent l'enclos de Madame Jusseraud est absolument tombée, et ne se relèvera plus ; elle n'a plus aucune raison d'exister.

On a battu de la grosse caisse, on a fait de la réclame, on a vanté partout les succès remportés par cette école (deux élèves à deux ans d'intervalle ont subi avec succès leur examen pour le baccalauréat ès-sciences complet), et cependant on n'est arrivé qu'à avoir quelques élèves de plus.

Cet état de choses remonte à une dizaine d'années ; et il n'y a aucune raison pour qu'il se modifie, au contraire.

3

D'autre part, les bâtiments de cette Ecole peuvent largement contenir de cent cinquante à deux cents élèves ; donc ils sont plus que suffisants pour faire face à tous les besoins de l'Ecole.

CONFUSION

L'Ecole primaire élémentaire pour-laquelle on cherche à créer une confusion avec l'Ecole supérieure, a ses locaux à l'autre extrémité de la ville, à près d'un kilomètre de ceux de l'Ecole supérieure ; ils sont largement suffisants pour loger les enfants qui fréquentent cette école, de plus, ils sont admirablement situés en plein midi, et en façade sur la principale promenade de Gannat ; il peuvent au besoin (ce qui n'est pas nécessaire), être facilement agrandis au moyen de l'acquisition des terrains environnants, laquelle serait bien moins onéreuse pour la ville que l'expropriation projetée ; mais M. le Maire de Gannat ne veut pas en entendre parler, car s'il abandonnait le projet Jusseraud, il craindrait de s'amoindrir aux yeux de ses électeurs.

§ VI

ÉCOLE PRIVÉE

Mais où la mauvaise foi éclate encore plus, où l'on emploie le mensonge, c'est lorsque l'on parle de la disparition de l'Ecole privée des garçons, dirigée par des congréganistes, alors que l'on sait pertinemment que cette école n'est pas appelée à disparaître, du moins de sitôt.

Au moment de la laïcisation des Ecoles, l'Ecole primaire élémentaire de Gannat était dirigée par des Frères de la doctrine chrétienne, ceux-ci ayant été remplacés par un Instituteur laïque, un comité s'est immédiatement formé et une école privée a été fondée par ses soins dans un local aménagé à cet effet et accepté par l'autorité supérieure.

L'existence de cette Ecole est assurée d'abord par une très modeste rétribution perçue sur un certain nombre d'élèves, et ensuite par un engagement écrit d'un très grand nombre de personnes de Gannat et des environs, qui ont souscrit pour des sommes plus ou moins fortes.

Cet engagement qui expirait à la fin de cette année a été renouvelé il y a deux mois à peine, et tous les souscripteurs se sont inscrits à nouveau pour plusieurs années, aussi, l'on peut assurer que cette Ecole sur la disparition de laquelle on s'appuie, n'est pas prête de cesser de fonctionner.

4

Donc mensonge et mauvaise foi, car le Maire connaît tous ces détails, et ils ont été fournis à l'Inspecteur d'académie par le mandataire de Madame Jusseraud.

EN RÉSUMÉ

La question des Ecoles de Gannat n'a été soulevée que pour servir de plate-forme électorale à un ambitieux qui veut à tout prix faire échec à son ancien ami, M. Labussière, et le supplanter à la Chambre; et nullement dans l'intérêt de la ville de Gannat dont elle ne fera qu'accroître les dépenses sans qu'elle ait l'espérance d'en retirer le moindre bénéfice.

L'argent que l'on veut ainsi gaspiller sans aucun profit, trouverait un meilleur emploi dans l'exécution des travaux nécessaires pour donner, à Gannat, de l'eau dont la ville est entièrement privée.

Telle est la vérité!!! que nos adversaires cherchent par tous les moyens possibles à déguiser pour arriver plus facilement à la réalisation de leurs désirs et de leurs ambitions.

CONSEIL MUNICIPAL — Le Conseil municipal de Gannat, s'il était librement consulté, serait certainement d'un avis opposé à celui du Maire; mais il est sous sa domination absolue, et craint en lui résistant de lui voir mettre à exécution la menace qu'il leur fait à chaque instant de donner sa démission et de retourner à Paris.

Cette démission entraînerait fatalement le renouvellement du Conseil et qui sait, si n'ayant plus « Monsieur le Maire », on serait réélu ; aussi les conseillers municipaux trouvent-ils plus prudent de conserver ce qu'ils ont.

Félicie JUSSERAUD.

Gannat, le 5 mai 1893.

Gannat. — Imp. J. Duchemin, Cours de la République

29